Armin Täubner

Frühlings- bänder

Bandornamente aus Tonpapier

frechverlag

Von dem bekannten Autor Armin Täubner sind im frechverlag zahlreiche Titel zum Thema „Basteln mit Tonkarton" erschienen. Hier eine Auswahl:

TOPP 1495

TOPP 1877

TOPP 1605

TOPP 1749

TOPP 1875

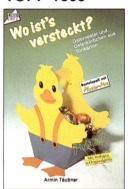
TOPP 1606

Zeichnungen: Armin Täubner
Fotos: frechverlag GmbH + Co. Druck KG, 70499 Stuttgart; Birgitt Gutermuth

Materialangaben und Arbeitshinweise in diesem Buch wurden von dem Autor und den Mitarbeitern des Verlags sorgfältig geprüft. Eine Garantie wird jedoch nicht übernommen. Autor und Verlag können für eventuell auftretende Fehler oder Schäden nicht haftbar gemacht werden. Das Werk und die darin gezeigten Modelle sind urheberrechtlich geschützt. Die Vervielfältigung und Verbreitung ist, außer für private, nicht kommerzielle Zwecke, untersagt und wird zivil- und strafrechtlich verfolgt. Dies gilt insbesondere für eine Verbreitung des Werkes durch Film, Funk und Fernsehen, Fotokopien oder Videoaufzeichnungen sowie für eine gewerbliche Nutzung der gezeigten Modelle.

Auflage: 10. 9. 8. 7. 6. | Letzte Zahlen   © 1995
Jahr: 2000 99 98 97 96 | maßgebend

frechverlag GmbH + Co. Druck KG, 70499 Stuttgart

ISBN 3-7724-2030-3 · Best.-Nr. 2030   Druck: frechverlag GmbH + Co. Druck KG, 70499 Stuttgart

Die grauen Wintermonate geraten langsam in Vergessenheit, die Tage werden wieder länger, in der Natur sprießt das erste Grün – der Frühling steht vor der Tür! Und was sagt Ihre Wohnung dazu? Sie freut sich auf eine frühlingshafte Dekoration, die Ihnen frische Farben und ansprechende Motive schenkt!

Wie wäre es dieses Jahr mit Frühlingsbändern, mit Bandornamenten aus Tonpapier? Denn hier heißt es einfach nur, das Motiv einmal als Schablone auf das Tonpapier übertragen, falten und ausschneiden!
Und fertig sind fleißige Osterhasen, fröhliche Gaukler der Lüfte, leuchtende Blüten und schnatternde Entchen! Ob Sie die Frühlingsbänder ans Fenster hängen, auf den Tisch stellen, für Karten und Briefpapier verwenden oder die Motive doch lieber einzeln dekorieren möchten – die Ideen dieses Buches sind vielfältig, die Anleitung ist Schritt für Schritt erklärt, und die Vorlagen sind originalgroß abgebildet.

Da hat der Frühling nur noch die Qual der Wahl, wie lang seine Frühlingsbänder werden sollen!

Schritt-für-Schritt-Anleitung

1. Übertragen Sie das ausgewählte Motiv vom Vorlagenbogen mit Bleistift und Lineal auf Transparentpapier.

2. Das abgepauste Motiv wird auf einen dünnen Karton geklebt.

3. Schneiden Sie das Motiv exakt mit dem Cutter aus; achten Sie dabei auf eine geeignete Schneideunterlage.

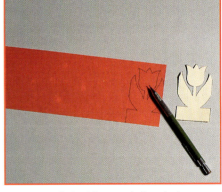

4. Diese Schablone wird auf einen Tonpapierstreifen der gewünschten Farbe gelegt, und der Umriß wird mit Bleistift übertragen. Wichtig dabei ist, daß die Unterkante des Motivs und die Unterkante des Tonpapierstreifens eine Linie bilden.

Schritt-für-Schritt-Anleitung

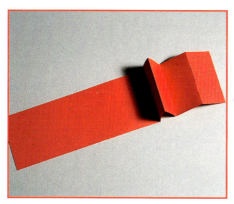 

5. An der linken Außenkante des Motivs falten Sie den Papierstreifen das erste Mal. Ziehharmonikaartig wird dann der ganze Papierstreifen aufgefaltet. Richten Sie sich beim Falten stets zuerst an der Unterseite aus, d.h. nach allen Faltungen sollten die Unterkanten noch genau übereinander liegen.

6. Je weniger das Ornament gefaltet ist, desto einfacher ist das Ausschneiden. Beginnen Sie also am besten mit wenigen Faltungen! Bei vielen Motiven sollten Sie unbedingt zum Cutter greifen – er bietet sich für feine Schnitte im Inneren der Figur besser an als eine Schere!

Augen und Punkte werden mit einer Lochzange bereits auf der Schablone ausgestanzt, mit dem Motiv auf Tonpapier übertragen und aus dem zusammengefalteten Bandornament erneut ausgestanzt.

Blütenbänder

Ob mit Blumentopf oder mit einem „Wiesenband"
(gestrichelte Linie) – der Frühling
grüßt mit Blütenbändern!

Gaukler der Lüfte

Nach dem Ausschneiden werden mit dem Cutter Vorder- und Hinterflügel mit einem kurzen Schnitt unterteilt. Zwei weitere Schnitte deuten den Verlauf des Rumpfes an.

Zum Schluß werden die Flügel an den Pfeilen (siehe Vorlagenbogen) gefaltet.

Narzissen

Wenn Sie die Narzissen als Tischkarte nutzen möchten, kleben Sie sie auf ein 10 cm x 8 cm großes Tonkartonstück, das einmal auf die Größe 10 cm x 4 cm gefaltet wird. In diesem Fall gelten auf der Vorlage die gestrichelten Linien.

Federvieh

Hier sehen Sie ein hübsches Beispiel, wie Sie Ihr Bandornament mit einer zweiten Tonpapier-Farbe zusätzlich dekorieren können!

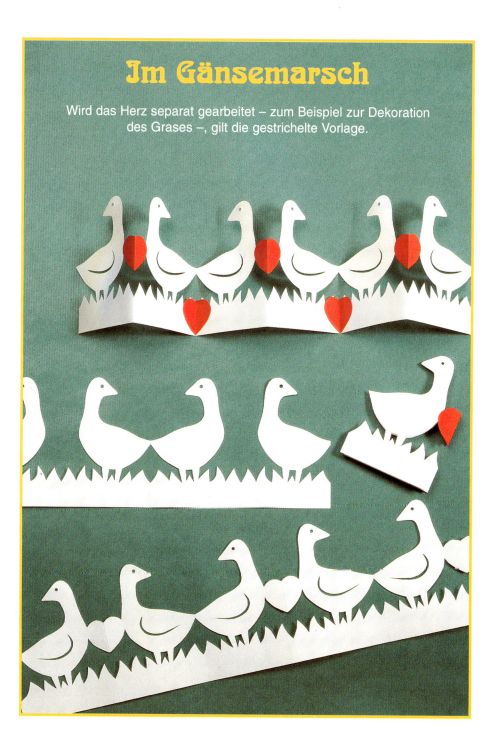

Tulpenwiese

Wenn Sie die Linien, die auf der Vorlage gestrichelt aufgezeichnet sind, etwa 1 mm breit mit dem Cutter nacharbeiten, wirkt Ihr Bandornament besonders filigran.

Osterreigen

Bei diesem Bandornament sind verschiedene Variationen möglich: mit Bogen, mit Eiern …!

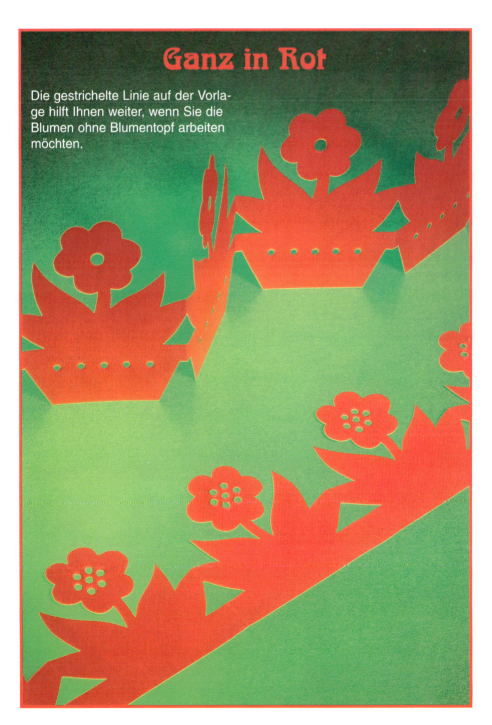

Im Hühnerstall

Wenn Sie das Huhn zur Dekoration einer Karte verwenden möchten, kleben Sie es in gewünschter Anzahl auf einen 11 cm hohen Papierstreifen.

Tulpengrüße

Frühlingsboten

Nach dem Ausschneiden werden mit dem Cutter Vorder- und Hinterflügel mit einem kurzen Schnitt unterteilt. Zwei weitere Schnitte deuten den Verlauf des Rumpfes an.
Zum Schluß werden die Flügel an den Pfeilen (siehe Vorlagenbogen) gefaltet.

Elternfreuden

Das hellgrüne Tonpapierband, auf dem die Eltern sitzen, ist 8 cm hoch und beliebig lang. Für separat gearbeitete Vögel gelten die gestrichelten Linien der Vorlage.

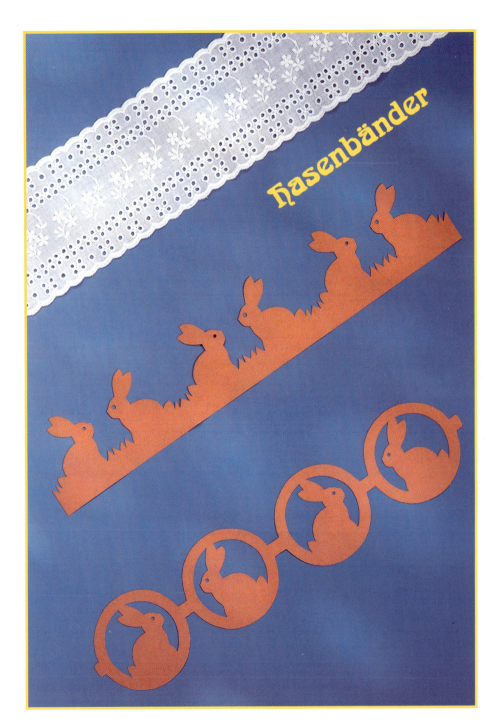

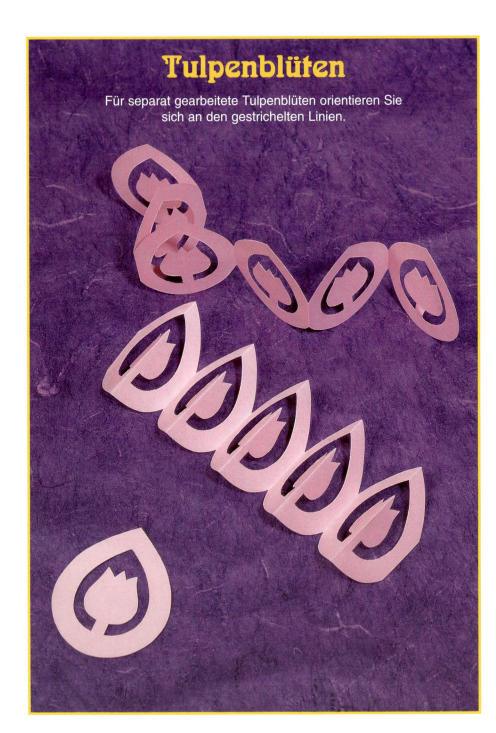